사랑합니다

사랑합니다

지은이 | 조정민
초판 발행 | 2022. 2. 23.
12쇄 | 2024. 4. 22.
등록번호 | 제1988-000080호
등록된 곳 | 서울특별시 용산구 서빙고로65길 38 두란노빌딩
발행처 | 사단법인 두란노서원
영업부 | 2078-3352   FAX | 080-749-3705
출판부 | 2078-3331

책 값은 뒤표지에 있습니다.
ISBN 978-89-531-4138-4   03230

독자의 의견을 기다립니다.
tpress@duranno.com   http://www.duranno.com

두란노서원은 바울 사도가 3차 전도여행 때 에베소에서 성령 받은 제자들을 따로 세워 하나님의 말씀으로 양육하던
장소입니다. 사도행전 19장 8-20절의 정신에 따라 첫째 목회자를 돕는 사역과 평신도를 훈련시키는 사역, 둘째 세계
선교(TIM)와 문서선교(단행본잡지) 사역, 셋째 예수문화 및 경배와 찬양 사역, 그리고 가정·상담 사역 등을 감당하
고 있습니다. 1980년 12월 22일에 창립된 두란노서원은 주님 오실 때까지 이 사역들을 계속할 것입니다.

조정민 잠언록

사랑합니다

◇◇◇◇◇

Love is the Greatest

조정민 지음

두란노

Contents

프롤로그 _6

Part 1
사랑은: 아름다운 기적입니다

01 사랑은 하는 만큼 행복합니다 _10
02 사랑은 어둠을 쫓는 빛입니다 _30
03 사랑은 힘이 있어도 간청합니다 _44
04 사랑은 이 세상에서 가장 아름다운 기적입니다 _54
05 사랑은 생명도 아끼지 않습니다 _66

Part 2
사랑은: 사랑을 먹고 자랍니다

06 사랑은 내게 있어야 할 수 있습니다 _84
07 사랑은 참된 쉼을 줍니다 _92
08 사랑은 내가 먼저 웃는 것입니다 _108
09 사랑은 지는 것을 기뻐합니다 _130
10 사랑은 내가 죽어 길을 냅니다 _142

Part 3

사랑은: 살아 있어 할 수 있습니다

11 사랑은 기쁨입니다 _156

12 사랑은 없으면 지옥입니다 _164

13 사랑은 선택입니다 _174

14 사랑은 감사입니다 _182

15 사랑은 나를 변화시킵니다 _194

Part 4

사랑은: 그럼에도 사랑입니다

16 사랑은 수고입니다 _206

17 사랑은 용납입니다 _214

18 사랑은 의지입니다 _224

19 사랑은 나와 남을 살립니다 _236

20 사랑은 제일입니다 _258

수많은 말을 하고 살았습니다. 꽤 오랫동안 언론인으로 살면서 다른 사람들보다 더 많은 말을 했습니다. 어느 날 성경에서 이 글을 읽고 전율했습니다.

> 내가 사람의 방언과 천사의 말을 할지라도 사랑이 없으면 소리 나는 구리와 울리는 꽹과리가 되고 _고전 13:1_

그 순간, 제가 평생 꽹과리를 치고 다녔다는 것을 깨달았습니다. 동시에 사랑하지 않으면 입을 닫아야겠다고 결심했습니다. 지켰을까요? 못 지켰습니다. 내 안에 선한 것이 쌓이지 않았으니 어떻게 선한 말을 할 수 있겠습니까?

SNS 세상이 펼쳐지면서 말의 저수지 둑이 무너졌습니다. 듣고 싶지 않은 말이 범람하는 것을 지켜보다 한 모금 생수와 같은 말 한마디라도 전하고 싶은 마음에 트위터 광장에 뛰어들었습니다. 하루 한마디씩 올린 묵상의 글이 쌓여 또 한 권의 책이 되었습니다. 내 안에 가득 쌓은 것을 입으로 말하려고 하니 세 단어가 전부였습니다. "사랑, 믿음, 소망"입니다. 그중에 사랑이 제일이라는 것을 나이 들수록 절감합니다. 사랑이 없다면 모든 선행조차 헛수고라는 말에도 절로 고개가 끄덕여집니다.

인생에 남은 시간이 많지 않다는 사실 앞에서 곰곰 생각하면 할수록 더 많이 사랑하지 못한 것이 가장 후회스럽습니다. 호흡이 다 하는 순간까지 사랑하고 날마다 더 사랑하며 살고 싶다는 생각이 가득하지만, 결코 쉬운 일이 아닙니다. 길은 하납니다. 하나님 아버지의 사랑을 받는 것입니다. 사랑 고백을 듣는 것입니다. 그리고 사랑을 속삭이는 것입니다. "사랑합니다." 이 한마디면 족합니다. 이 한마디면 힘들지 않습니다. 이 한마디면 숨을 쉴 수 있습니다. 이 한마디면 절대로 포기하지 않습니다. 이 한마디면 죽음도 두렵지 않습니다.

많은 이가 사랑이 없어 메말라 가고 죽어 갑니다. 사랑이 없어 목마르고 허기진데 사랑 아닌 것들로 채우다가 병듭니다. 《사랑합니다》에 적힌 사랑의 고백 한 줄이 사람 살리는 생명의 물 한 모금이 되기를 소망합니다. 두란노 가족이 이 작은 소망에 답해 주었습니다. 사랑의 물줄기가 흘러가면서 예쁜 도랑을 만들어 주었습니다. 늘 얘기하지만 사랑의 빚은 갚지 못합니다. 내가 닿은 사랑은 그의 생명이었고, 내 안에 들어온 사랑은 나의 생명이 되었습니다. 그래서 사랑을 전하는 일은 언제나 생명을 전하는 일입니다. 우리가 살고 세상이 사는 일에 우리 모두가 한마음이 되기를 바랄 뿐입니다.

2022년 2월 초
새 생명이 움트는 것을 기다리며…
조정민

Part 1

사랑은: 아름다운 기적입니다

1

돈으로 막을 수 있는 입이 있고
힘으로 꺾을 수 있는 팔이 있고
병으로 붙들 수 있는 발이 있지만…
사랑은 무엇으로도 멈출 수 없습니다.

2

사랑하는 것이 사랑받는 것이고
사랑받는 것이 사랑하는 것입니다.

3

사랑은 언제나… 내리사랑입니다.

4

사랑은 내가 기준이 아닙니다.

사랑은 내 이름이 중요해서는 할 수 없는 헌신입니다.

사랑은 내 경력이 중요해서는 할 수 없는 희생입니다.

사랑은 원래 나로부터 시작되지 않았습니다.

5

사랑하기 때문에 분노할 수는 있지만

그 분노 때문에 사랑을 단념할 수는 없습니다.

만약 사랑하다가 단념했다면 그것은 사랑이 아니라

뜨거운 감정이었을 뿐입니다.

진정한 사랑은 꺼지지 않는 불입니다.

6

믿음은 볼 수 없는 것에 눈뜨게 하고

사랑은 빤히 보이는 것에 눈멀게 합니다.

7

강렬한 사랑은 전부를 바라고
순전한 사랑은 전부를 줍니다.
사랑은 조각으로 나뉠 수 없는 마음입니다.

8

사랑이 많은 사람의 엄격함은
사랑이 없는 사람의 따뜻함보다 더 따뜻합니다.

9

인간의 모든 죄보다 신의 용서가 더 크고

인간의 모든 증오보다 신의 사랑이 더 큽니다.

그 용서와 사랑이⋯

우리가 이 땅에 살고 있고 살 수 있는 이유입니다.

10

예수가 십자가에 달린 것은…

그의 가슴에서 일었던 분노가 위험했기 때문이 아니라

그의 중심에서 흘러넘치는 사랑이 위험했기 때문입니다.

11

용서할 수 없는 사람을 용서하는 것보다
큰 사랑은 없습니다.

12

사랑에 헛수고란 없습니다.
단지 헛되게 보일 뿐입니다.

13

사랑은 의미 없는 것을 의미 있게 하고
가치 없는 것을 가치 있게 만드는
유일한 힘입니다.

14

가슴을 멍들게 하는 사랑이 있고
가슴의 멍을 삭이는 사랑이 있습니다.
계산하고 따지지 않는 사랑이라야 그 시커먼 멍을 삭입니다.

15

사랑하면 보이고 사랑하면 들립니다.

사랑은 내가 주고 싶은 것을 주는 것이 아니라

그가 원하는 것을 주는 마음입니다.

그가 원하고 그의 필요를 아는데…

사랑하며 주지 않을 수는 없습니다.

16

인생의 가장 큰 비극은

수단을 목적으로 착각하는 것입니다.

그러나 목적에 앞서는 수단은 없습니다.

17

모든 것을 가졌으나 사랑이 없으면

아무것도 없는 것이고

아무것도 없어도 사랑을 지녔으면 다 가진 것입니다.

믿음과 희망은 수단이지만

사랑은 그 자체가 목적입니다.

18

사랑이란 누군가의 존재 자체를 기뻐하는 것이고
미움이란 그 존재 자체를 싫어하는 것입니다.
사랑하는 만큼 행복하고
미워하는 만큼 불행합니다.

19

"네 다리를 좋아한 게 아냐.

넌 다리를 잃었지만 날 얻었잖아."

전장에서 두 다리를 잃고 돌아온

연인에게 한 사랑 고백입니다.

사랑은 그 사람의 일부를 좋아하는 것이 아니라
그 사람이라는 존재 자체를 기뻐하는 것입니다.

20

정욕을 이기지 못하는 사랑

탐욕을 이기지 못하는 사랑

갈등을 이기지 못하는 사랑…

그런 사랑은 없습니다.

사랑은

인간의 모든 추한 욕망을 이길 수 있는 능력입니다.

21

날마다 누군가를 힘들게 하고

무시하고 돌아보지 않고 욕해 대면서

누군가에게 사랑한다고 말할 수는 없습니다.

사랑은 어느 누구에게도 내 마음대로 대하지 않습니다.

22

어떤 것으로도 다 갚을 수 없어서 사랑입니다.

사랑은 내게 베푼 사람에게

그만큼 되갚기가 불가능합니다.

그가 베푼 사랑은 그의 생명이고

그에게서 받은 사랑은 이미 내 생명이 되었기 때문입니다.

02 사랑은 어둠을 쫓는 빛입니다

어둠 속을 걸어갈 때 가장 필요한 것은 빛입니다.

24

어렵고 힘들 때는 견디는 것만으로 충분합니다.

어둠의 터널에는 반드시 끝이 있고

그 끝에는 언제나 빛이 있기 때문입니다.

25

사랑보다 사람의 격을 높이는 것이 없습니다.

그 사람 인격에 문제가 있다면

사랑받지 못한 까닭입니다.

26

그 사람을 사랑하면

내가 주고 싶은 것을 주는 것이 아니라

그 사람에게 반드시 필요한 것을 줍니다.

27

사랑은 그의 능력보다 그의 연약함에 먼저 반응합니다.

28

짐승은 짐승으로 태어나서 애쓰지 않아도 짐승으로 죽습니다.

그러나 사람은 사람처럼 태어나지만

사람답게 죽기 위해서는

끊임없이 사람다움을 배우고 익혀야 합니다.

29

사랑은

사람을 가장 사람답게 대할 수 있는

오직 한 길입니다.

30

사랑은

사람이 사람으로 존재하는 방식이고

사람이 사람으로 존재하는 목적입니다.

31

이 세상 왔다 가는 것이 목적이 아니라

사람답게 사는 것이 목적입니다.

사람답게 사는 것, 사랑으로 서로 종노릇하는 것입니다.

서로 종노릇하면 다투는 곳이 없고

서로 주인 노릇하면 다투지 않는 곳이 없습니다.

32

사랑은 부스러기라도 좋습니다.

은혜는 작은 조각이라도 좋습니다.

배려는 그냥 손 한 줌이라도 좋습니다.

아무리 작아도 나눔이 기적의 씨앗입니다.

33

사랑은 최악의 상황에서도

모든 것이 끝났다고 생각하지 않습니다.

사랑은 결코 포기하지 않습니다.

나보다 언제나 내가 사랑하는 사람이

더 중요하기 때문입니다.

34

용서받지 않고 용서할 수 없고

사랑받지 않고 사랑할 수 없습니다.

무엇이건 내가 줄 수 있는 것은 먼저 받은 것들입니다.

35

사랑하는 것보다 더 큰 행복은 없고

사랑받는 것보다 더 큰 성공은 없습니다.

헤아릴 수 없는 우리의 허물을 사랑이 가려 주고

끝까지 용서하기 때문입니다.

36

우리는 일생 헤아릴 수 없는 사랑의 빚을 지고 삽니다.

다행히 갚으라는 독촉 없는 빚이고

다 갚을 수도 없는 빚입니다.

그 빚이 얼마나 큰지 알면 날마다 더 풍성해지고

모르면 날마다 더 메말라 갑니다.

사람이 사람과 관계를 맺는 이유는 기대입니다.

하나님이 사람과 관계 맺는 목적은 수용입니다.

기대는 사람을 불안하게 하고

수용은 사람을 평안하게 합니다.

수용은 기대보다 더 큰 사랑입니다.

38

위대한 건물은 없습니다.
위대한 건축가가 있을 뿐입니다.
위대한 음악은 없습니다.
위대한 음악가가 있을 뿐입니다.
위대한 사람도 없습니다.
위대하신 분의 사랑이 있을 뿐입니다.

39

감사하는 사람을 어쩌지 못합니다.

용서하는 사람을 어쩌지 못합니다.

목숨 걸고 사랑하는 사람은 정말 어떻게 할 수가 없습니다.

40

거저 받은 것이 너무 많은 사람은

나누는 것이 힘들지 않습니다.

큰 빚을 탕감받은 사람은

내가 받을 작은 빚에 인색하지 않습니다.

내가 사랑받지 못하고 용서받지 못해서

남을 사랑하지 못하고 용서하지 못합니다.

41

감사할 수 없는 일에 감사하고

기뻐할 수 없는 것을 기뻐하고

사랑할 수 없는 사람을 사랑하는 나는

내가 아니라 내 안에 있는 다른 나입니다.

42

슬픔을 겪어 봐야 슬픔을 알고

아픔을 겪어 봐야 아픔을 압니다.

머리로 아는 것과 가슴으로 아는 것은 별개의 앎입니다.

43

하나님이 우리를 위로하시는 방법은

우리가 위로자가 되도록 하는 것입니다.

44

사랑은 모든 것을 참고 견디지만
사랑하는 사람의 상처와 고통은
참을 수가 없고 견딜 수가 없습니다.

45

소리가 없다고 없는 것이 아니고
모습이 보이지 않는다고 없는 것이 아닙니다.
하나님의 침묵이
절대로 하나님의 부재를 뜻하지 않습니다.

넘치도록 풍성한 사랑을 부어 주시는 예수님을
기쁘시게 하는 방법은 지극히 단순합니다.

"예수님, 사랑해요!
예수님, 감사해요!"

단 두 마디에 기뻐서 어쩔 줄 몰라 하십니다.

47

권력은 힘이 있어서 명령하고
사랑은 힘이 있어도 간청합니다.

48

누군가를 사랑하면서도 잃은 것이 없다면
사랑하지 않은 것입니다.

49

사랑은 내 행복에 반드시 있어야 할 것들을

그 사람의 행복을 위해 기꺼이 포기하는 것입니다.

사랑의 신비는,

그랬다가 행복보다 더 나은 삶을 경험하는 것입니다.

50

믿음과 사랑 안에 있기만 하면

모든 것이 합쳐져서 반드시 선을 이룬다는 것을 확인합니다.

그리고 놀라운 음성을 듣습니다.

"내가 세상 끝날까지 너희와 항상 함께할 것이다."

51

더 사랑하면 져 줄 수 있습니다.

더 사랑하면 더 나눌 수 있습니다.

더 사랑하면 대신 죽을 수 있습니다.

예수는 실제로 그랬습니다.

그 사랑을 알고 그 사랑에 젖고

변하지 않았다면 기적입니다.

52

사람의 사랑으로는 언제나 부족합니다.

사람의 사랑으로는 언젠가 목마릅니다.

인간 안에는

인간의 사랑으로 채워지지 않는 부분이 있습니다.

온 마음은 오직 하나님의 사랑으로만 채워집니다.

사랑 없는 정의는 폭력의 다른 얼굴입니다.

한 사람은 살고 한 사람은 죽어야 한다면

반쪽 정의입니다.

둘 다 살아야 온전한 정의입니다.

온전한 정의는

제로섬(zero-sum)이 아니라 윈윈(win-win)입니다.

54

목소리가 높다고 옳지 않습니다.

말이 많다고 진실하지 않습니다.

비판한다고 정의롭지 않습니다.

낮은 목소리로 몇 마디 하지 않아도

허물을 가려 주고

용서하는 사랑이 때로 더 큰 정의입니다.

55

가치 없는 사람을 가치 있게 만드는 일은

절대로 손해 보는 법이 없습니다.

56

사랑보다 더 큰 능력이 없습니다.

사랑하면 내가 살아나고 그도 살아납니다.

57

사랑하면 참을 수 없는 사람을 참고

견딜 수 없는 수치를 견디고

갈 수 없는 곳을 갑니다.

사랑은 흩어지는 곳마다 열매를 맺는 기적의 씨앗입니다.

58

겉보기에 아무것도 달라진 것이 없는데
내 안에서 새롭게 뜨거운 것이 솟아올라
어제와 다른 오늘을 살겠다는 열정과 결단에
사로잡히는 것이야말로 아름다운 기적 아닙니까?

59

사랑이 없는 믿음은 생각에 불과하고
사랑이 없는 소망은 야망에 불과하며
사랑이 없는 관심은 정욕에 지나지 않습니다.
진정한 사랑은
내가 나를 부정해야 가능하기 때문입니다.

60

내 기준을 내려놓지 않고

누군가를 진실로 사랑할 수 없습니다.

내 기준을 포기하지 않고

누군가를 진실로 포용할 수 없습니다.

다만 내가 기준이 될 수 없다는 것만이 진실입니다.

61

우리는 다 목마릅니다.

더 많은 사랑, 더 큰 은혜, 더 놀라운 축복에 목마릅니다.

그러나 그릇이 깨끗하지 않아 귀한 것을 담을 수 없다면

어떻겠습니까.

주는 이는 줄 수 없어 안타깝고

받는 이는 받아야 소용이 없습니다.

62

작은 배려는 일으켜 세우고
큰 배려는 일어날 때까지 기다립니다.
작은 사랑은 위로하고
큰 사랑은 침묵합니다.
배려하고 사랑하는 크기가
내 생각이나 경험과 달라서 오해가 많습니다.

63

예수님이 이 땅에 오신 것은
인간에게 가장 좋은 것을 주시려 함이지
인간이 가장 원하는 것을 주시려 함이 아니었습니다.
그분이 주시고자 하는 것은 영원한 생명입니다.

64

생명은 선물입니다.

단 고통과 함께 받는 선물입니다.

고통 없이 존재하는 생명은 없습니다.

고통 그 자체도 생명의 일부입니다.

65

하나님, 세상의 소음과 굉음 속에서도 한 줄기 바람 소리와

끝없는 파도 소리를 통해 속삭이시는 사랑의 노래를

온몸이 귀가 되어 듣게 하소서.

66

우리는 다른 사람에게 내가 누구인지를 증명하기 위해

그리고 내가 얼마나 가치 있는 존재인지를 설득하기 위해

이 땅에 오지 않았습니다.

인생의 시간은 그럴 만큼 길지 않습니다.

67

일생 내가 누구인가를 증명하려고 애쓰는 삶이

얼마나 힘겹고 안쓰러운지 눈물겹습니다.

우리는 이 땅에 태어날 때 이미 온전하게 증명되었습니다.

68

살아 있다는 것만으로 기쁘지 않다면

진정한 기쁨이 아닐지 모르고

호흡하는 것만으로 감사하지 않다면

진정한 감사가 아닐지 모릅니다.

생명 그 자체가 감사와 기쁨의 이유로 충분합니다.

69

예수님의 공생애는 하나님의 사랑 고백으로 시작됩니다.

"너는 내가 사랑하는 아들이다. 내가 너를 기뻐한다."

그 사랑과 기쁨으로 걷는

공생애는 번영의 길이 아니라 십자가의 길입니다.

70

베드로에게 "네가 나를 사랑하느냐?"고 세 번 물으신 것은

베드로의 사랑을 확인하는 질문이 아니라

"내가 너를 여전히 사랑한다"는 사실을

확인하는 예수님의 고백입니다.

71

글 한 줄과 말 한마디에 사람이 죽고 삽니다.

글 한 줄과 말 한마디로 사람이 살아난다면

그보다 기쁜 일이 어디 있으며

사람이 죽어 간다면

그보다 슬픈 일이 어디 있습니까.

72

내가 알고 있는 것보다 그리고 내가 생각하고 추측하는
것보다 우리는 훨씬 더 서로가 서로에게 의존적입니다.

73

가까이 있는 사람들을 함부로 대하면서

낯선 사람들에게 정중한 것은 작은 위선이고,

눈에 보이지 않는 신에게 깍듯하면서

눈에 보이는 사람을 하대하는 것은 큰 위선입니다.

74

세상에 혼자 힘으로 사는 사람은 없습니다.

알건 모르건 우리 모두는 누군가의 도움으로 삽니다.

그러니 도움받는 것이 부끄러울 것도 없고

돕는 것이 대단할 것도 없습니다.

75

천국은 말 한마디 한마디가 위로와 기쁨이 되는 곳이고,

지옥은 말 한마디 한마디가 상처와 분노가 되는 곳입니다.

오늘 하루 누군가 주저앉아 일어서지 못하는 사람이

눈에 띄면 그의 손을 잡아 주고 등을 두드려 주세요.

그 사람 내게 맡겨진 사람이 아니라면

왜 내 눈에 밟히겠습니까.

사람을 살리는 것은 돈이 아니라 마음이고
사람을 세우는 것도 힘이 아니라 마음입니다.
마음이 빠지면 도움도 상처를 남깁니다.

78

"아버지! 저들을 용서해 주십시오.

자신들이 무엇을 하고 있는지 모릅니다."

손과 발에 못 박는 자를 위한 예수님의 기도입니다.

사실 우리 모두는 대체 무엇을 하고 있는지 잘 모릅니다.

79

십자가 외에 더 구할 것이 있다면 교회가 아닙니다.

십자가만으로는 부족한 것이 있다면 기독교가 아닙니다.

예수가 인간에게 준 복은 십자가가 전부입니다.

80

배에 닻이 없다면 표류하지 않을 수 없고

영혼에 닻이 없다면 방황하지 않을 수 없습니다.

흔들리지 않는 힘은 내게 있는 것이 아니라 닻에 있습니다.

내 힘만으로 사는 인생의 결국은 방황입니다.

Part 2

사랑은: 사랑을 먹고 자랍니다

81

물건 가격에 주목하는 사람, 물건 디자인에 주목하는 사람,

물건 기능에 주목하는 사람…

내가 주목하고 있는 것이 바로 나입니다.

82

나를 사랑하는 사람이 다른 사람도 사랑합니다.

나 자신도 사랑할 줄 모르는데 내가 누구를 사랑하겠습니까.

건강한 자기 사랑은 이기주의나 자기중심주의, 자아도취가

아니라 넉넉한 인간 이해와 포용입니다.

83

내 인생의 가장 큰 훼방꾼은

다른 사람이 아닌 바로 나 자신입니다.

사실 나보다 나를 힘들게 하는 사람은 없습니다.

내가 나 자신과 다투면 우울하고

다른 사람들과 다투면 분노합니다.

내가 나 자신을 용납하면 평안하고

다른 사람들을 용납하면 화평합니다.

용납은 사랑의 다른 얼굴입니다.

85

나를 위로하는 능력으로 남을 위로하고
나를 용서하는 능력으로 남을 용서하고
나를 사랑하는 능력으로 남을 사랑합니다.
내게 없는 것으로 남을 못 섬깁니다.

86

날마다 솟아나는 기쁨을 누리지 못하는 까닭은
샘이 막혔거나 물이 새기 때문입니다.

87

입맛이 없으면 몸에 이상이 있다는 사인이고

기쁨이 없다면 영혼이 병들었다는 사인입니다.

사인을 무시하면 병이 더 깊어집니다.

88

사랑은 일이 아니라 삶입니다.

신앙은 사역이 아니라 삶입니다.

친교는 사업이 아니라 삶입니다.

89

가장 먼 거리는 머리와 가슴 사이이고, 혀와 발 사이이며,

아는 것과 사는 것 사이입니다.

90

"더 이상은 못 합니다."

한계 상황은 색다른 경험입니다.

그러나 거기서 물러서지 않으면 나를 넘어서는 남다른 경험,

곧 기적을 만납니다.

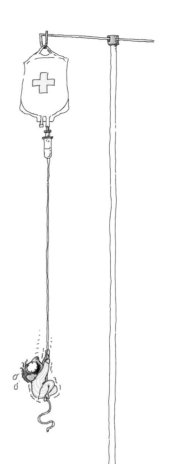

91

이따금 아플 때마다 정신을 차립니다.

병은 언제나 사람의 마음을 가난하게 합니다.

아픈 사람이 얼마나 많은지 비로소 눈에 들어옵니다.

무엇보다 내가 얼마나 연약한 존재인지를 확인합니다.

생명이 내게 속하지 않았다는 것, 주인이 언제든

이 생명을 거두어 가실 수 있다는 사실 앞에 서야

비로소 나는 겸손해집니다.

92

"당신 나 사랑해?"
더 사랑하는 사람만이 묻는 질문입니다.
"당신 나 사랑해?"
질문이 아니라
내가 지금 당신을 사랑하고 있다는 고백입니다.

사랑은 말 한마디 없어도 다 알아듣고

미움은 아무리 많은 말을 해도 못 알아듣습니다.

94

정말 사랑하는 사람은 사랑한다고 쉽게 말하지 않습니다.
사랑은 한순간 고백하고
일평생 언약을 지키는 일이기 때문입니다.

95

결혼식에 결혼의 의미가 다 담기지 않고
졸업장에 성품과 능력이 다 담기지 않습니다.
본질을 형식에 다 담으려고 할 때마다
본질은 쏟아져 버리고 맙니다.

부부 사랑 어렵습니다.

아내는 보살핌이 사랑이고

남편은 존경이 사랑이어서

아내는 보살피지 않는다고 잔소리하고

남편은 무시한다고 분노합니다.

서로 달라서 사랑했는데 서로 다르다고 다툽니다.

부부의 서로 사랑은 자녀를 살리고
우리의 서로 사랑은 누군가를 살립니다.
사랑은 누군가를 반드시 살립니다.

98

샘이 깊은 물은 마르지 않고

뿌리 깊은 나무는 넘어지지 않습니다.

가족 사랑이 깊은 사람은 인생이 마르지 않고

친구 사랑이 깊은 사람은 역경에 넘어지지 않습니다.

99

가족이 서로 사랑하는 것보다
더 좋은 쉼은 없습니다.

100

내가 그를 위해 포기한 만큼이
그를 향한 나의 사랑입니다.

101

사랑하는 사람은 결코 그 사람이
그 자리에 그렇게 안주하고 있는 것을 원하지 않습니다.
그런데 내가 안주하고 싶은 자리에
어떻게 그 사람을 묶어 두겠습니까.

102

부모가 자녀를 사랑한다고 해서

자녀들이 원하는 대로 반응하지 않습니다.

자녀를 정말로 사랑하기 때문입니다.

103

아들을 이긴 아버지는 자랑하지 않습니다.

아버지는 늘 아들에게 져 줄 준비가 되어 있기 때문입니다.

아들이 아버지를 사랑하는 것보다

아버지가 아들을 더 사랑하기 때문입니다.

104

자녀를 내 체면 때문에 교육하면
어느 날 내 체면을 짓밟을 것이고,
자녀를 내 욕심 때문에 양육하면
언젠가 그 욕심에 희생될 것입니다.
자녀는 부모가 오직 사랑해야 할 대상입니다.

105

사랑하면 닮습니다.

미워해도 닮습니다.

기왕 닮고 싶다면 사랑하면서 기쁘게 닮는 편이 낫고

결코 닮고 싶지 않다면 미워하지 않고 닮지 않는 편이

훨씬 낫습니다.

106

지혜로운 길은 기댈 것도 없고 기대할 것도 없이

그냥 사랑하는 것입니다.

할아버지는 손주를 그렇게 사랑합니다.

사랑은 옳고 그름을 따지지 않고
그냥 그 사람의 편이 되어 주는 것입니다.

108

부모는 속아 주고, 친구는 참아 주고, 부부는 져 줍니다.

다 갚을 길이 없는 사랑의 모습입니다.

109

가정은 둘 중 하나가 희생해야 하는 곳입니다.

부모의 사랑은 자신을 희생하고

부모의 야망은 자녀를 희생합니다.

110

행복을 묵상한다고 행복하지 않습니다.

행복을 말한다고 행복하지 않습니다.

행복을 가르친다고 행복하지 않습니다.

내가 행복한 것은 내가 사랑하는 사람이 행복해서입니다.

행복은 내게 달린 것이 아니라

내가 사랑하는 사람에게 달렸습니다.

111

집에서 많이 사랑받으면 밖에서 사랑을 구걸하지 않습니다.

"나의 사랑 나의 어여쁜 자야 일어나서 함께 가자."

신랑의 초청과 신부의 수락으로 이제 사랑하는 삶,

끝없이 대화하는 삶, 꿈을 향해 분연히 일어나는 삶,

손잡고 함께 동행하는 삶이 시작되었습니다.

이런 삶, 이런 가정이 어떻게 불행할 수 있을까요.

예수님의 초대에 응답하는 우리의 인생도 그렇습니다.

08 사랑은 내가 먼저 웃는 것입니다

113

가장 아름다운 얼굴은 항상 웃는 얼굴입니다.

114

웃음으로도 말하고 눈물로도 말합니다.

얼굴로도 말하고 몸짓으로도 말합니다.

삶으로도 말하고 죽음으로도 말합니다.

사랑하면 다 들리지만 무심하면 한마디도 안 들립니다.

사랑은 듣는 귀입니다.

115

아무리 작은 선행도 결코 작지 않습니다.

누군가의 어두운 얼굴을 밝게 해서

그의 하루를 바꿔줄 수도 있고

한 사람의 생각을 펴서

그의 일생을 바꿔 놓을 수도 있습니다.

116

웃음을 본 적이 없는데 어떻게 웃습니까.

배려받지 못했는데 누구를 배려합니까.

사랑받지 않았는데 어떻게 사랑합니까.

할 수 없는 그 사람이 아니라 할 수 있는 내가

먼저 웃고, 먼저 배려하고, 먼저 사랑해야 할 이유입니다.

117

더 의로워서 남을 비난하는 것도 아니고

더 지혜로워서 남의 어리석음을 지적하는 것도 아닙니다.

단지 나에게 사랑이 부족한 때문입니다.

사랑은 사람을 소유하려 들지 않습니다.

사랑은 사람을 섬기는 것으로 만족합니다.

그리고 사람은 결코 사람에게 소유되지 않습니다.

119

사랑하기 때문에 때가 되면 떠나야 하고
그 사람 떠나보내야 합니다.
집착하기 때문에 떠나야 할 때 그만 주저앉고
떠나보내야 할 때 곁에 붙들어 둡니다.

120

그 사람을 쉽게 판단하는 까닭은
머리가 좋아서가 아니라
사랑하지 않기 때문이고
그 사람이 절로 이해되는 까닭은
잘 알아서가 아니라
사랑하기 때문입니다.

121

사랑하면 어떻게든 헤쳐 나가려 하고
사랑이 식으면 어떻게든 헤어지려 합니다.

122

나를 힘들게 하는 사람들의 목적은 오직 한 가지입니다.

자신을 더 인정해 달라는 요구이며

더 많은 관심을 가져 달라는 요청이자

더 많이 사랑해 달라는 하소연입니다.

123

내가 진정으로 그를 사랑하면

그에게 나를 사랑해 달라고 요구하지 않습니다.

124

그 사람을 알고 싶다면

먼저 대접하면 알게 되고

친해지면 더 알게 되고

사랑하면 다 알게 됩니다.

125

홀로여서 외로운 것이 아니라

아무도 사랑하지 않아서 외롭습니다.

126

깊은 외로움이 몰려오는 것은

지금 가장 가까이 있는 사람을 사랑하라는 사인입니다.

127

지금 내 곁에 있는 사람을 사랑할 수 없다면
멀리 있는 누군가를 사랑할 수 있다고 착각하지
말아야 합니다.

128

사람을 미워하는 사람은 불행한 사람입니다.

그러나 사람에 무관심한 사람은 불쌍한 사람입니다.

129

"내가 너를 사랑한다"는 음성만으로 충분하고

"내가 너를 기뻐한다"는 말씀만으로 가슴이 뜁니다.

이 사랑, 이 기쁨의 증인이 되게 하소서.

130

꽃의 화려함은 실은 덧없는 시간입니다.

열매 맺고 익어 가는 시간으로 이어질 때

꽃은 비로소 그 의미를 지닐 뿐입니다.

131

사랑하면 글과 글 사이의 행간을 읽습니다.

사랑하면 말과 말 사이의 침묵을 듣습니다.

사랑하면 몸짓과 몸짓 사이의 마음을 봅니다.

사랑을 어찌 다 글로 말로 몸짓으로 전하겠습니까.

132

사랑은 결코 실패하는 법이 없습니다.

사랑은 누구 주기 전에 나를 먼저 살리기 때문입니다.

사랑은 퍼 주고 퍼 주어도 마르지 않는 샘이고

정욕은 채우고 채워도 채워지지 않는 터진 웅덩이입니다.

133

한 개의 노를 저어 앞으로 가는 배가 없듯이
혼자 힘으로 세상을 헤쳐 나가는 사람도 없습니다.

134

아무도 홀로 서 있지 않습니다.
아무도 함께 서 있지 않습니다.
홀로 있을 수 있어 함께 있을 수 있고
함께 있을 수 있어 홀로 있을 수 있습니다.
사랑은 홀로 그리고 함께 사이의 균형입니다.

135

사랑은 결코 식거나 줄거나 끊어지지 않습니다.

식어 버린 것은 정욕이고

줄어든 것은 열정이고

끊어진 것은 이해관계입니다.

136

아무리 바빠도 시간을 낼 수 있고

아무리 한가해도 시간을 못 낼 수 있습니다.

사랑하면 없는 시간도 생기고

미워하면 있는 시간도 사라집니다.

마음은 시간을 마음껏 늘이고 줄입니다.

가장 가까운 길은 사랑하는 사람과 걷는 길이고

가장 먼 길은 미워하는 사람과 걷는 길입니다.

138

사랑하면 그토록 바쁘지 않고

그처럼 많은 사람 만나지 않고

그렇게 마음대로 돈을 쓰지 않습니다.

139

누군가 익숙한 것과 잘 아는 것은 다릅니다.

익숙함은

쉽다는 판단이고, 편한 태도이고, 가볍게 여기는 마음입니다.

잘 아는 것은

귀하다는 깨달음이고, 존중하는 마음이고, 사랑의 결단입니다.

좋은 친구는 도움을 준다고 친구에게 부담을 주지 않고

좋은 부모는 학비를 준다고 자녀에게 부담을 주지 않습니다.

사랑은 도움보다 더 깊은 배려입니다.

141

친구 앞에서는 내 자랑하지 않습니다.

친구를 자랑하고 싶기 때문입니다.

친구에게는 무례하지 않습니다.

친구를 나보다 더 배려하기 때문입니다.

친구로부터 내 유익을 구하지 않습니다.

친구에게 도움이 되고 싶기 때문입니다.

142

사람을 사랑하는 일은 그 사람의 얼굴빛을 살피고
요즈음의 형편을 살펴보는 일입니다.

143

사랑한다는 것은

누군가의 인생에 거침돌이 되지 않고

디딤돌이 되어 주는 것입니다.

144

사랑하면 집니다.
사랑하면 져 줄 수 있기 때문입니다.
가장 많이 사랑하는 사람이
유심히 지켜보면 가장 많이 지는 사람입니다.

145

마음에 사랑이 차오를 때 말하고

손발에 사랑이 차오를 때 도우면 아무도 상처받지 않습니다.

146

사랑은 나를 변호하기 위해 다른 사람을

부끄럽게 만들지 않습니다.

147

참사랑은 참는 일로 시작됩니다.
참사랑은 오래 참아서 지속됩니다.
참사랑은 끝까지 참아서 완성됩니다.
진정 사랑하는 사람은 아무리 힘들어도
참을 수 있는 사람입니다.

148

사랑은 상대의 허물을 가릴 구실을 찾고

미움은 상대를 비난할 명분을 찾습니다.

찾고자 마음먹으면 둘 다 기어이 찾아냅니다.

149

생명은 마음에서 납니다.
죽음도 마음에서 자랍니다.
사랑하는 마음을 가꾸면 생명의 꽃을 피우고
미워하는 마음을 붙들면 죽음의 가시가 돋습니다.

150

아름다운 꿈과 참된 사랑은 우리 안에서 두려움을 내쫓고
유혹이 내 머리에 둥지를 틀지 못하게 합니다.

151

만일 당신이 사랑하는 사람을 기다리고 있다면
그 기다림의 시간이 아무리 길어도
그 시간은 낭비하고 있는 것이 아닙니다.
향기를 머금고 있는 시간입니다.

152

사랑은 한순간에 빠지는 곳이 아니라

힘을 다해 기어 올라가는 곳입니다.

빠진 곳은 사랑이 아니라 유혹이고 정욕입니다.

153

정말 사랑한다면 이제 이만하면 됐다고 말하지 않고

이때까지 사랑한 것을 계산하지 않고

지나치게 사랑하고 있다고 생각하지 않습니다.

154

사랑은
내 야망과 내 이익과 내 스타일을
고집하지 않습니다.

155

약속은 어려워서 못 지키는 것이 아니라

사랑이 식어서 지키고 싶지 않을 뿐입니다.

156

눈물은 소중합니다.

그러나 땀은 더 소중합니다.

눈물은 체험입니다.

그러나 땀은 몸부림입니다.

눈물은 감정입니다.

그러나 땀은 의지입니다.

사랑하기 때문에 한 일이 아니라면
나는 아무 일도 하지 않은 것입니다.
사랑하기 때문에 베풀지 않았다면
나는 아무것도 베푼 것이 없습니다.

158

벚꽃은 봄에 피고

장미는 여름에 피고

국화는 가을에 피고

동백꽃은 겨울에 핍니다.

때를 따라 핍니다.

다 아름답습니다.

159

진정한 연합의 기초는

단일성과 유사성이 아니라 다양성입니다.

10 사랑은 내가 죽어 길을 냅니다

서로 사랑하는 일만 제쳐놓고 모든 일을 다 하고 있기에

일은 끝이 없고 마음은 쉼이 없습니다.

161

우리는 길을 잃은 것이 아니라

다만 자기 자신 속에 갇혀 있을 뿐입니다.

162

사과나무의 성공은 가지에 사과가 열리는 것이고

사람의 성공은 인생에 사람이 열매 맺는 것입니다.

163

인생의 의미와 가치는

위대한 일 한 가지에 있는 것이 아니라

헤아릴 수 없이 많은 작은 일 속에 스며 있습니다.

164

주위를 돌아보면 사방에 신음하는 사람이 있고

생명이 꺼져 가는 사람이 있습니다.

손 한번 잡아 주고 등 한번 두드려 주고

잔잔히 웃어 주기만 해도 더불어 살 만한 세상입니다.

우리가 받는 기쁨은

늘 베푸는 것을 기쁨으로 여기는 누군가의 깊은 마음이고

우리가 겪는 아픔은

스스로 견디다 못해 이웃에 건네준 누군가의 아픈 마음입니다.

166

길은 없다가 어느 날 생긴 것입니다.

길은 누군가의 마음속에 먼저 자리잡았다가

어느 날 눈앞에 드러난 것입니다.

길은 혼돈 속에서 질서를 찾은 사람들이 만든 것입니다.

167

내가 오늘 누리고 있는 모든 것은

어제 누군가 희생했거나

내일 누군가 희생해야 할 것들에 기초한 것입니다.

168

길을 안다고 길이 되지 않습니다.

길을 가르친다고 길이 되지 않습니다.

길을 가다 그 길에 묻혀야 비로소 길이 됩니다.

우리 모두는

누군가 죽어서 길이 된 그 길을 갑니다.

169

내가 행복한 사람은
남을 불행하게 만들려고 애쓰지 않습니다.
내가 불행한 사람은
남을 행복하게 할 능력이 없습니다.

170

'자기 안으로 구부러진 삶'으로는
세상을 펼 수 없습니다.
'이웃을 향해 곧게 펼친 삶'으로만
세상을 펼 수 있습니다.

171

손톱에 가시가 들어도 온몸이 아파야 정상이고

발가락을 다쳐도 전신이 불편해야 정상입니다.

한 곳이 아파도 전신이 고통을 느껴야 정상입니다.

온 세상이 아픈데도 아픔을 모르니 나는 정말 중병입니다.

172

내 상처가 나으면 나는 이제 백신입니다.

나와 같은 아픔을 겪고 있는 사람들에게 나는 특효약입니다.

주위를 살피면

오직 나만이 힘이 되어 줄 수 있는 사람이 있습니다.

173

이웃의 기쁨과 슬픔을 함께 나눌 수 있으면

얼마나 풍성한 삶인지….

이웃의 기쁨과 슬픔을 함께 나누지 못하면

얼마나 메마른 삶인지….

이웃은

원래 나의 일부입니다.

174

내 고난은 남의 고난을 돕게 하고

내 슬픔은 남의 슬픔을 품게 하고

내 장애는 남의 장애를 배려하게 합니다.

내 형편과 처지가 바뀔 때는

언제나 남을 위한 뜻이 함께 담겨 있습니다.

175

이상하게도 손해를 봐야 참 기쁨이 찾아오고

쏟아부어야 참사랑을 맛봅니다.

계산하면 머리만 복잡합니다.

Part 3   ○ ○ ○

사랑은: 살아 있어 할 수 있습니다

176

기쁨은 상황과 조건이 만들어 낼 수 없는 생명입니다.

기쁨은 흘러넘치는 생명이 다른 생명으로 흘러가는 사랑입니다.

177

그 사람을 진정으로 사랑하고 있다면
그 사람이 보여 주는 것을 매일 보고
그 사람이 들려주는 것을 매일 들어도
기쁨이 줄어들지 않습니다.

178

머리보다 마음이 중요합니다.
마음은 생명의 자리입니다.

179

기쁨은 내면의 깊은 곳에서 솟아오르는 신뢰감입니다.

상황과 조건에 흔들리는 것은 기쁨이 아니라 쾌락입니다.

180

고통스럽지 않아서 그 길을 가는 것이 아닙니다.

고통보다 더 큰 기쁨의 길이기에 그 길을 갑니다.

기쁨을 미리 맛본 사람은 고통과 위험에 기죽지 않습니다.

181

유능하고 성공해서 행복한 것이 아니라

삶의 우선순위가 바르기 때문에 행복합니다.

사소한 것에 목숨 걸기에 인생은 너무 짧고

하찮은 것에 기쁨을 빼앗기기에 오늘은 너무 소중합니다.

더 이상 못 참겠다.

그 고비를 넘겨야 합니다.

더 이상 못 견디겠다.

그 문턱을 넘어야 합니다.

더 이상 못 살겠다.

그래도 그 순간을 버텨야 합니다.

행복은 언제나 그 너머에 있습니다.

184

생각만 해도 가슴 뛰는 일을 가졌다면

그는 이미 행복한 사람이고

누구에게도 빼앗기지 않는 기쁨을 찾았다면

그는 이미 성공한 사람입니다.

185

떠났어도 기억되는 사람은 떠난 것이 아닙니다.

존재만으로 희망이었던 분은 희망의 씨앗이 움틀 때

다시 우리 곁으로 돌아와 함께 숨 쉽니다.

씨앗이 흩어진 곳에서는 반드시 생명이 자랍니다.

186

행복은 기억해야 할 것을 기억하고
기억하지 말아야 할 것을 기억하지 않는 삶입니다.
불행은 기억해야 할 것을 잊어버리고
기억하지 말아야 할 것을 기억하는 삶입니다.
두 가지의 분별이 삶의 지혜입니다.

187

내가 십자가를 지고 가는 것이 아니라
십자가가 나를 안고 갑니다.

이 세상에 존재하는 것만으로도 기쁘다면

진정한 기쁨입니다.

이 순간 살아 있다는 것만으로도 감사하면

진정한 감사입니다.

189

옳아서가 아니라 좋아서 사랑하고
틀려서가 아니라 싫어서 미워합니다.
옳아서가 아니라 좋아서 찬성하고
틀려서가 아니라 싫어서 반대합니다.
태도가 먼저, 논리가 다음인 일이 다반사입니다.

190

기도하면 기도할수록 사랑하게 되고
생각하면 생각할수록 미워하게 됩니다.
기도는 가장 깊은 친밀감입니다.

191

사람이 누구인지를 몰라 사람에게 인정받고자 하고
사람이 누구인지를 몰라 사람의 사랑에 목마릅니다.
사람은 자기 스스로도 채울 수 없어
결코 다른 사람을 채워 주지 못합니다.

192

내 눈에 그 사람의 결점과 허물이 그토록 잘 띄는 까닭은
내가 잘나서가 아니라
그를 사랑하지 않기 때문입니다.

193

잔소리는

눈에 거슬릴 때마다

생각날 때마다 말하고 싶을 때마다 얘기하는 것이고,

조언은

생각하고 또 생각하고 참고 또 참고

기도하고 또 기도하고 하는 말입니다.

잔소리는 나 때문에 하고

조언은 그 사람 때문에 합니다.

194

희망을 품으면 희망이 나를 이끌어 가고

절망을 품으면 절망이 나를 이끌어 갑니다.

품기까지는 내가 주인이고, 품고 나면 내가 종입니다.

195

사람 안에서 가장 빨리 자라는 것이 의심과 두려움이고

가장 늦게 자라는 것이 믿음과 희망입니다.

의심과 두려움은 버려두어도 잘 자라고

믿음과 희망은 보살피지 않으면 곧 시들어 버립니다.

196

내 인생이 끝자락에 왔다는 느낌은

내 인생이 거듭나야 한다는 사인입니다.

197

목표를 잃는 것보다 기준을 잃는 것이 더 큰 위기입니다.

인생의 방황은 목표를 잃었기 때문이 아니라

기준을 잃었기 때문입니다.

198

내려놓아야 새 일이 시작됩니다.

버려야 새것이 주어집니다.

떠나야 새 길이 열립니다.

199

나쁜 사람도 괜찮습니다.

더 나쁜 사람을 만나보면 어려움도 별것 아닙니다.

더 큰 어려움을 겪고 나면 슬픔도 대단치 않습니다.

죽음까지 겪고 나면

사실 가장 힘든 것은 변치 않는 나 자신입니다.

200

왜 내가 이런 고통을 겪어야 합니까?

시원한 답이 없습니다.

고통은 이렇게 물어야 합니다.

무엇을 위해 이 고통을 견딜까요?

어떻게 이 고통을 이길 수 있을까요?

201

누군가 미운 생각이 들 때마다 기억하십시오.

생각보다 빨리 그가 내 눈앞에서 사라질 것이고

생각보다 훨씬 빨리

나도 이 세상에서 영원히 사라질 것임을….

202

그 사람이 내 마음에 안 드는 것은 그 사람 잘못이 아닙니다.

내 안의 거울이 깨어져 잘못 비친 상을 놓고

누구를 탓하겠습니까.

일그러진 것은 달이 아니라 출렁이는 물결입니다.

203

관계가 고통스러운 까닭은

신에게서만 찾을 수 있는 것을

인간에게서 찾기 때문입니다.

인간은 실수가 전공이고 부족이 특징입니다.

13 사랑은 선택입니다

권력의 길은 언젠가 내가 배신하게 될 줄 모르고 가는 길이고
사랑의 길은 언젠가 내가 배신당할 줄 알고 가는 길입니다.

205

사랑은 동기로 말하고, 욕망은 결과로 말합니다.

206

미운 사람 한 대 더 때려 줄 수도 있고

떡을 한 개 더 줄 수도 있습니다.

어떤 결정을 내리느냐에 따라

평생 원수 한 사람 더 만들 수도 있고

평생 친구 한 사람 더 얻을 수도 있습니다.

207

이웃이 겪는 고난의 깊은 뜻은
나 대신 겪는 고난이고, 나를 깨우는 고난입니다.

208

한 사람은 이 세상 우연히 왔다가
우연히 살다가 우연히 떠납니다.
또 한 사람은 목적을 갖고 와서
목적 따라 살다가 목적을 이루고 떠납니다.
갈림길은 내가 선택합니다.

209

고난이 축복인 것은 고난 속에서 속사람이 강해지고
속사람이 강해질수록 사는 것이 덜 힘들기 때문입니다.

210

버림받았다고 느끼는 사람은 있어도 버려진 사람은 없습니다.
세상이 뭐라고 해도
내가 나를 버리지 않는 한 버려지지 않습니다.
신은 결코 버릴 사람을 이 땅에 보내지 않는데
왜 내가 나를 버립니까.

아흔아홉 가지를 가져도 한 가지 없는 것 때문에

지옥을 경험하는 삶이 있고

아흔아홉 가지가 없어도 한 가지 있는 것 때문에

천국을 누리는 삶이 있습니다.

지혜로운 사람은 늘 내가 지금 가진 것에 주목합니다.

212

지금 어둠은 동터 올 새벽의 사인입니다.

지금 내리막은 곧 나타날 오르막의 사인입니다.

지금 고난은 다가올 축복의 사인입니다.

사인의 뜻을 알면 절대로 주저앉지 않습니다.

213

살아 있다는 것은 선택할 수 있다는 것입니다.

사랑한다는 것은 스스로 선택하도록 허용하는 것입니다.

진심으로 사랑한다는 것은 나를 배신하는 선택도

감수하겠다는 결단입니다.

14 사랑은 감사입니다

214

성숙한 사람은 감사의 조건이 마음속에 가득하고,

미숙한 사람은 불만의 이유가 머릿속에 가득합니다.

215

모든 것이 지나갑니다.

모든 사람도 지나갑니다.

이 일도 이 사람도 곧 지나갈 것입니다.

그러니 너무 좋아할 것도 없고 너무 슬퍼할 것도 없습니다.

어떤 일이든 감사가 답입니다.

216

감사는 실망의 계곡을 넘어

희망으로 건너가는 다리입니다.

217

사방이 다 막혔을 때에도 고개를 들면
위는 항상 열려 있습니다.

218

그 사랑과 능력에 힘입으면 하나님의 자녀들은
더 이상 세상에 목마르지 않습니다.
죽음의 골짜기도 두렵지 않습니다.

219

받을 자격이 안 되는데 받았다고 생각하면
마음속에서 감사가 솟아납니다.

220

감사가 습관이 되면 감사할 일이 더 늘어나고
축복이 버릇이 되면 축복받을 일이 더 많아집니다.
감사한다고 결코 내 것이 감해지지 않으며
축복한다고 절대 내 것이 축나지 않습니다.

221

늘 감사하는 영혼은 누구도 뒤흔들지 못합니다.

222

나를 힘들게 하는 사람이 없는 곳은 없습니다.
내가 반드시 치르고 건너야 할
시험이기 때문입니다.
힘들다고 피하면 똑같은 사람 또 나타납니다.
언제까지 나타날까요?
내가 그 사람을 사랑하게 될 때까지…
그리고 감사할 때까지….

223

아프지 않으면 알 수 없는 외로움이 있고
외롭지 않으면 알 수 없는 아픔이 있습니다.
돌이켜보면… 그 아픔과 외로움도
인생의 아름다운 선물입니다.

224

예수는 제자들을 불렀습니다.
부를 만한 자격이 없는 사람들을 찾아가
"나를 따르라"고 불렀습니다.
멋모르고 따라나섰던 제자들은
그 사랑에 눈뜨고 모두 제 발로 순교의 길을 걸었습니다.
사랑은 죽음의 초대에도 감사하는 능력입니다.

225

신앙의 길을 걸으면

효율성을 잣대로 삼는 자기관리를 내려놓습니다.

누구든지 찾아오는 사람 따지지 않고 만나면

시간을 관리할 수 없고,

인생의 주도권을 주인에게 넘겨 드리면

관계도 마음대로 관리할 수 없습니다.

그러나 신기하게도 자로 잰 듯 따지고 사는 삶과

비교할 수 없이 평안합니다.

이상하게도 예전과 다른 기대가 넘실거립니다.

삶의 순간순간 감사가 넘치고

삶의 크고 작은 일들에 감동해 눈시울이 젖습니다.

226

무슨 감사할 일이 많아서 감사하기보다
감사하는 마음이 흘러넘쳐 감사합니다.
가장 많은 축복을 받은 사람이 감사하는 것이 아니라
 가장 많이 감사하는 사람이 가장 큰 축복을 받습니다.

15 사랑은 나를 변화시킵니다

227

내 입에 담긴 따뜻하고 부드러운 말은

남보다 나를 먼저 따뜻하고 부드럽게 합니다.

그렇게 따뜻하고 부드럽게 바뀐 내가 사는 세상이

차갑고 거친 혁명으로 이룬 세상보다 나은 세상입니다.

228

내가 왜 사는지에 대한 답이 없으면
내 인생에 감동할 일은 없습니다.

229

잎이 무성하면 숲이 가려지고
잎이 지면 숲이 드러납니다.
계절은
가려질 때와 드러날 때를
우리에게 가르칩니다.

230

아름다운 삶은 얼마나 얻고 무엇을 이루었나가 아니라
얼마나 주고 무엇을 버렸느냐에 달렸습니다.

231

세상에서 내가 바꿀 수 있는 사람은 단 한 사람입니다.
오직 나 자신입니다.

232

진정한 변화는

내가 입고 다니는 옷이나 타고 다니는 차나

살고 있는 집이 변하는 것이 아니라

내가 날마다 만나고 있는

사람들과의 관계가 변하는 것입니다.

233

할 수 없는 일을 온 힘을 다해 이루는 능력과
할 수 있는 일을 온 힘을 다해 하지 않는 능력.
아름다운 삶은
이 두 가지 능력의 조화와 균형입니다.

234

남을 가르치는 길이 내가 가장 빨리 배우는 길이고, 남을 축복
하는 길이 내가 가장 많이 축복받는 길입니다.

235

내 안에 얼마나 큰 거인이 있는지 잘 모릅니다.

내가 그 거인을 얼마나 작게 보고 있는지 나는 잘 모릅니다.

우리는 눈만 가리면 아무것도 제대로 볼 수 없기 때문입니다.

236

성실한 사람이 정말 뛰어난 사람입니다.

도울 줄 아는 사람이 진짜 유능한 사람입니다.

사랑할 줄 아는 사람이 진정 성공한 사람입니다.

세상의 빗나간 기준을 생각 없이 따르면

나도 힘들고 남도 힘들게 합니다.

독수리는 폭풍을 피하지 않습니다.

수많은 새가 바위틈을 찾고 숲속으로 숨어들 때

독수리는 폭풍 속으로 뛰어들어 폭풍 위로 날아오릅니다.

독수리에게 폭풍은 내 힘으로

갈 수 없는 곳을 가게 하는 기회입니다.

238

죽음이 기억되면 죽어도 산 것이고

삶이 잊혀지면 살아도 죽은 것입니다.

짐승은 가죽을 남기고 사람은 기억을 남깁니다.

239

땅이 끝나는 곳에서 바다가 시작되고

바다가 끝나는 곳에서 땅이 시작됩니다.

언제건 어디서건 끝은 끝이 아니라 항상 새로운 시작입니다.

240

마지막 잎새가 떨어진다고 나무가 죽은 것이 아니고

마지막 도움이 사라진다고 인생이 끝난 것이 아닙니다.

견디기만 하면 겨울 끝에 새순이 돋아나고

고난 끝에 새 꿈이 자랍니다.

241

지금 여기 길이 없다면

당신이 새 길을 내라는 뜻입니다.

지금 여기 희망이 없다면

당신이 희망의 메시지가 되라는 사인입니다.

이 시대가 요구하는 인물이 없다면

당신이 이 시대의 인물이 되라는 부름입니다.

242

부서진 곳, 무너진 곳, 냄새나는 곳, 썩은 곳이

내 눈에 보였다면 나를 부르는 곳입니다.

그곳은 나 때문에 회복될 수 있다는 부름입니다.

그 부름을 못 들으면 불평하고 비난하다 내 인생 끝납니다.

Part 4 ○ ○ ○ ○

사랑은: 그럼에도 사랑입니다

16 사랑은 수고입니다

243

세상을 다 알고, 세상을 다 가지고, 세상을 다스리고
심지어 그 세상을 누군가에게 다 주어도
사랑이 없으면 헛수곱니다.

244

사랑한다고 말하기란 얼마나 쉬운지…

그러나 그 사랑을 증명하기란 얼마나 힘든지…

사랑은 입술로 한순간 말하고 평생 손발로 증명하는 삶입니다.

245

사랑은

가치와 의미를 발효시키는 유일한 효소입니다.

246

사랑한다고 말할 때는 정말로 사랑해야 합니다.

온 마음이 담길 때만 사랑입니다.

사랑이 참되지 않으면 아무것도 진실하지 않습니다.

진실하지 않으면 헛사는 것입니다.

247

사랑 없이 남을 가르칠 수 있고

사랑 없이 남을 도울 수 있고

사랑 없이 목숨을 버릴 수도 있습니다.

그러나 사랑 없이 인생의 의미를 찾을 수는 없습니다.

사랑 없이는 아무것도 아닙니다.

248

단 한 사람을 온전히 사랑하기에도

인생은 지극히 짧은 시간입니다.

249

돈을 잃으면 적게 잃는 것입니다.
건강을 잃으면 많이 잃는 것입니다.
인격을 잃으면 심각하게 잃는 것입니다.
사랑을 잃으면 다 잃는 것입니다.
사랑이 생명입니다.

250

인생은 누군가에게
사랑한다고 말할 수 있는
지극히 짧은 시간입니다.

251

사랑하지 않는다면 아무리 많은 일을 하고
아무리 많은 수고를 해도 헛일입니다.
바닷가 모래성과 같고 한여름 얼음 조각과 같아
돌아보면 내 인생에 아무것도 남아 있지 않습니다.

252

종일 보고 들으면 반드시 알게 되고 기필코 사랑하게 됩니다.

253

사람을 미워하면 미워할수록 독해지고

사람을 사랑하면 사랑할수록 강해집니다.

254

사랑한 만큼 성공하고, 미워한 만큼 실패합니다.

255

서로 사랑하지 않으면 인간은 동물보다 더 추하고 괴물보다
더 기이합니다.

256

중독은 사랑의 결핍입니다.

폭력은 사랑의 갈증입니다.

음란은 사랑의 왜곡입니다.

257

사랑이 메말라 병들었는데 무엇으로 치유합니까?

사랑에 목말라 신음하는데 이 많은 물건이 무슨 소용입니까?

17 사랑은 용납입니다

258

사랑하는 사람과의 문제는

그 사람이 문제가 아니라

사랑하기에 너무 작은 내 능력의 문제입니다.

사랑하는 내 능력이 커지면

그 사람이 아무리 속을 썩여도 애통한 마음으로 사랑하고

온유한 태도로 사랑하고

변함없는 정성으로 사랑합니다.

259

사람을 의지하면 의지할수록 사람이 실망스럽고
사람을 사랑하면 사랑할수록 사람이 안됐습니다.

260

지금의 나를 보고 절망하고
지금의 그를 보고 분노합니다.
미래의 나를 보면 희망이 보이고
미래의 그를 보면 용납할 수 있습니다.
사랑은 나와 그의 밝은 미래를 보는 눈입니다.

사랑은 쓸모없는 사람을 존중하고

이해할 수 없는 사람을 포용하고

용서할 수 없는 사람을 용납합니다.

262

괜찮습니다.

평안합니다.

기쁩니다.

행복합니다.

사랑합니다.

감옥에서 못 듣는 말입니다.

감옥이 아닌데도 이런 말이 사라졌다면

감옥같이 변하는 조짐입니다.

263

사랑하기로 마음먹었다면

일백 번을 다시 살아도 사랑할 수 있습니다.

사랑하는 마음이 없으면

약속 시간 한 번 어겨도 그것으로 끝입니다.

사랑 없어 떠나는 사람 붙잡지 마세요.

264

사랑의 반대말은 미움보다도 두려움입니다.

사랑이 차오르면 미움보다 먼저 두려움이 사라집니다.

미움은 두려움의 가지이고, 두려움은 미움의 뿌리입니다.

265

사람을 사랑하기가 힘들어서 더 열심히 일하는 사람은

더 많은 일 때문에 사람을 사랑하는 것이 더 어렵습니다.

266

사랑하는 만큼 내가 넓어지고

미워하는 만큼 내가 좁아지고

위선하는 만큼 내가 굽어집니다.

267

사랑하고 또 사랑하다가

사람들에게 부끄러움을 당할 수는 있지만

내가 부끄러워해야 할 일은 없습니다.

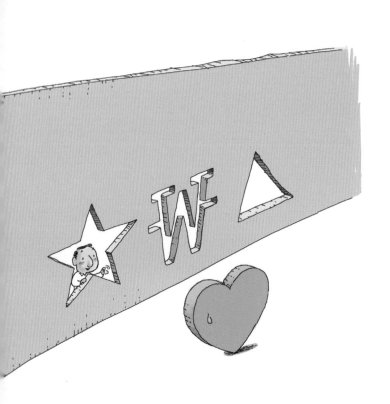

268

사랑은 코드 맞추기입니다.

내가 아니라 당신이 기준입니다.

선물을 원하는데 빈말은 무슨 소용이며

사랑의 고백을 원하는데 선물은 무슨 소용입니까.

사랑의 언어가 달라 서로 알아듣지 못합니다.

269

내가 옳다고 믿는 동안은

누구도 진심으로 신뢰할 수 없고

내가 낫다고 판단하는 동안은

아무도 진정으로 사랑할 수 없습니다.

270

사랑은 내게 쏟아지는 짜증과 분노와 비난이 다 지나가도록

기다릴 수 있을 만큼 크고 넓고 깊은 품입니다.

271

내 형편과 처지를 바꾸기 위해서는
더 높은 자리와 더 큰 권력이 필요하고
이웃의 형편과 처지를 바꾸기 위해서는
더 많은 배려와 더 깊은 사랑이 필요합니다.

272

사람을 사랑하는 것보다 더 합리적이고
더 지혜로운 삶은 없습니다.

273

아무도 죽을 때 땅 한 평 갖고 간 사람이 없고,

누구도 이 땅을 떠날 때

단돈 백 원 갖고 간 사람이 없는데

인간은 왜 탐욕스러울까.

죽어서도 가져갈 수 있는

단 한 가지 사랑의 향기는 버려둔 채….

274

사랑할 줄 모르고 용서할 줄 모르고 배려할 줄 모르는 사람은

내가 먼저 사랑하고 용서하고 배려하는 수밖에 없습니다.

275

웃고 다녀도 칼을 품은 사람이 있고

화를 내고 다녀도 사랑을 품은 사람이 있습니다.

내가 내 속에 품은 것 때문에

결국은

내가 죽고

결국은

내가 삽니다.

276

손을 펴면 주고받을 수 있지만

움켜쥐면 더 이상 줄 수도 받을 수도 없습니다.

사랑은 손을 펴고 사는 삶입니다.

277

남은 내가 바꾸려고 하는 만큼 안 바뀝니다.

단지 내가 그를 사랑하는 만큼 바뀔 뿐입니다.

278

하루 종일

진심으로 감사하고 축복하고 사랑하면

반드시 바뀝니다.

내가 바뀌든지 아니면 그 사람이 바뀌든지.

279

내게 있는 것을 다 주면서 도와도 소용없습니다.

내 몸이 상하도록 남을 도와도 유익이 없습니다.

내가 진심으로 사랑하지 않는다면.

남을 바꾸는 노력의 반의반만 기울여도 내가 바뀝니다.

그 사람 내 힘으로 바꾸고야 말겠다는 의지가 권력이고

내가 먼저 바뀌어야겠다는 마음이 사랑입니다.

내가 바뀌면 그 사람도 언젠가 소리 없이 바뀝니다.

281

사랑할 만한 사람을 누가 사랑하지 못합니까.

그러나 사랑할 만한 점이 단 한 가지도 없지만

먼저 사랑하고 또 사랑하고 끝없이 사랑하면

어느 날 그 사람, 사랑할 만한 사람이 되어 있습니다.

282

사랑은 의지입니다.

사랑은 나를 살리고 남도 살리지만

중독은 나를 죽이고 남까지 죽입니다.

놀랍게도 사랑은 온갖 중독을 다 이깁니다.

284

사랑과 믿음과 비전은 고난 없이 확인되지 않습니다.
고난은 인생의 선택 과목이 아니라 필수 과목입니다.

285

고통 없이 사랑할 수 있다고 믿는다면
일생 아무도 사랑할 수 없습니다.
나를 포기하는 것이 사랑임을 깨닫지 못한다면
일생 나 외에 누구도 사랑할 수 없습니다.

286

감사합니다.

그 말 한마디에 그만두고 싶던 일도 계속하게 됩니다.

죄송합니다.

그 말 한마디에 끊어질 뻔한 관계가 이어집니다.

사랑은 고마워할 줄 알고 미안해할 줄 아는 마음입니다.

287

사람을 많이 아는 것은

사람을 깊이 아는 것에 미치지 못하고

사람을 깊이 아는 것은

사람을 진실로 사랑하는 것에 미치지 못합니다.

288

내게 아무 득이 되지 않는 사람을

존중하고 배려하는 것보다 더 큰 사랑은 없습니다.

289

입만 열면 약자를 두둔하는 사람과

마음 깊이 약자를 사랑하는 사람은 천지 차이입니다.

290

사람 믿다가 배신당하지 않은 사람이 없고

사람 사랑하다가 상처받지 않은 사람이 없습니다.

그러나 그 배신, 그 상처 없이 성숙한 사람도 없습니다.

291

가장 기대한 사람에게 실망하고

가장 가까운 사람이 돌아서고

가장 믿었던 사람이 속입니다.

그런 사람들 그냥 불쌍히 여기는 것이 사랑입니다.

19 사랑은 나와 남을 살립니다

292

물은 낮은 곳으로 흘러가고

사랑은 용서하고 화해하는 곳으로 흘러갑니다.

293

사랑은 온몸을 눈과 귀로 만들고
미움은 온 마음을 벽과 담으로 만듭니다.

294

사랑하지 않으면서 사랑하라고 말하고
겸손하지 않으면서 겸손하라고 가르치고
앞서가지 않으면서 나를 따르라고 하니
세상이 어지럽기만 하구나!

295

세상을 바꾸기 위해 더 큰 권력이 필요한 것이 아니라
내 처지를 바꾸기 위해 더 큰 권력이 필요할 뿐입니다.
세상을 바꾸는 데는 더 많은 사랑이 필요할 뿐입니다.

296

희망이 없으면서 희망을 말하고
겸손하지 않으면서 겸손을 주장하고
사랑하지 않으면서 사랑을 얘기하던 사람들이
어느 날 무리 지어 빈 들에 허수아비처럼 서 있구나!

297

세상의 어떤 것도 사랑과 바꿀 만한 것은 없습니다.

그런데 그만 그 사랑과 바꾸다가

인생은 힘들어지고 세상은 소란스러워집니다.

298

사람 사랑하려면 온 힘을 다해야 합니다.

미움은 애쓸 필요 없습니다.

오르막은 비지땀을 흘려야 하지만

내리막에 무슨 힘이 드나요?

299

죽어 가는데…

죽어 가는데…

날마다 죽어 가는데…

우리는 서로 사랑하지 못합니다.

사랑하기에도 모자라는 시간을

미워하고 남을 해치는 데 씁니다.

그 독이 결국 나를 해칠 것인데….

300

죽을힘을 다해 싸우면 둘 다 죽습니다.

죽을힘을 다해 사랑하면 둘 다 삽니다.

301

걷고 뛰는 데 얼마나 많은 노력과 도움이 있었습니까.

글을 쓰고 말하는 데

얼마나 많은 노력과 도움이 필요했습니까.

누군가를 사랑하고 용서하는 일은

그보다 훨씬 더 큰 헌신과 조력이 필요합니다.

302

사랑은 옳고 그르고를 따지는 일보다
더 중요한 일이 있다는 사실에 눈을 뜨게 합니다.

303

이기적이고 자기중심적일수록 쉽게 분노합니다.

세상이 내 뜻대로 움직이지 않으니까….

그러나 세상이 나 중심으로 움직이면

세상이 못 견딥니다.

세상이 버티는 힘은 내 분노가 아니라

손해와 희생, 용서와 사랑입니다.

304

휴지는 쓰레기통에 버리고

빨간 신호등 앞에 멈춰 서고

주차장에서 차선 지키는 것이

사랑이고 정의입니다.

305

사는 동안 해야 할 첫 번째 일과

마지막 일은 큰일이 아니라 바른 일입니다.

306

거룩한 분노는 공의의 얼굴입니다.

의로운 분노는 사랑의 다른 얼굴입니다.

너무 사랑해서 날마다 분노할 수 있습니다.

그러나 그 분노가 나를 희생하고

그를 살리지 않으면

분노는 악순환의 시작입니다.

307

사람을 믿고 사람을 의지하다

배신당하지 않은 사람 없습니다.

배신한 사람 잘못이 아니라 믿은 것이 잘못입니다.

사람은 결코 믿을 대상이 아니라

그냥 사랑하고 배려해야 할 대상이기 때문입니다.

308

하나부터 열까지 달라도 같이 살 수 있는 것은

오직 사랑하기 때문입니다.

한 가지만 달라도 못 견디는 것은

단지 사랑하지 않기 때문입니다.

사랑은 다름을 견디고 누리는 힘입니다.

309

감사합니다.

죄송합니다.

괜찮습니다.

사랑합니다.

인생의 기적을 일으키는 가장 쉬운 말입니다.

그러나 안 쓰기로 작정하면 뜻밖에 불편한 말이 됩니다.

일생 쓰지 않으면 일생 기적도 없습니다.

310

사랑은 생명을 살리는 힘입니다.

미움은 생명을 죽이는 힘입니다.

사랑은 죽어 가는 것도 살리고

미움은 살아 있는 것도 죽입니다.

사랑과 증오는 남에게 그리고 나에게도

그런 힘을 지녔습니다.

311

시간이 지난다고 다 해결되지 않습니다.

참고 견뎌서 모두 해결되지 않습니다.

실력을 기른다고 전부 해결되지 않습니다.

사랑하지 않고 뿌리째 해결되는 일은 없습니다.

312

용서보다 위대한 사랑이 없고 화해보다

아름다운 관계가 없습니다.

용서는 내가 나를 묶은 밧줄을 풀어 버림으로써

자유할 수 있는 길이자

내가 반드시 가야 할 미래로 갈 수 있는 능력입니다.

313

30년 뒤에

이름도 잘 기억하지 못할 사람 미워하지 말고,

50년 뒤에도

이름 기억해야 할 사람 더 사랑하고 사는 것이 지혜입니다.

314

꿈, 믿음, 희망, 사랑…

다 나눌수록 더 커지는 기적의 씨앗들입니다.

꿈은 꿈을 부르고

믿음은 믿음을 더하고

희망은 희망을 낳으며

사랑은 많은 허물을 덮어 사람을 살립니다.

315

우리는 서로 사랑하라고 부름받은 자들입니다.

우리가 무슨 자격이 있어 하나님의 사랑을 받습니까?

그 사랑을 받다가 무슨 자격이 생긴 것처럼

남을 비난합니까?

316

인생의 마지막 후회는 한결같이
'내가 왜 그 일을 못 했나,
왜 평생 일을 더 못 했나'가 아니라
'내가 왜 그 사람을 용서하지 못했나,
왜 그 사람을 더 사랑하지 못했나'입니다.

317

오만 가지 일을 하더라도
사랑하지 않으면 헛일이고
온 세상을 다 쥐어도 사랑받지 못하면 빈손입니다.

318

우리가 사는 세상은

비록 곳곳이 부패하고

사방이 부조리지만

사랑에 눈뜨기만 하면

희망을 보석처럼 캐낼 수 있는 곳입니다.

319

정인아!

네가 살 수 없는 세상을 만든 우리 모두가 공범자다!

우리 모두가 죄인이다!

320

사랑은 최악의 상황에서도

모든 것이 끝났다고 생각하지 않습니다.

그래서 결코 포기하지 않습니다.

321

정의 없는 사랑은 수렁을 만들고
사랑 없는 정의는 무덤을 만듭니다.
둘이 함께 가지 않으면 자칫 사랑과 정의라는 이름으로
지옥을 만듭니다.
사랑과 정의가 만날 수 있는 곳은 십자가밖에 없습니다.

322

쉬운 사람은 없습니다.

편한 사람도 없습니다.

다만 내가 정성을 다해 섬기고

사랑해야 할 사람이 있을 뿐입니다.

대부분의 한계는 내가 정한 것들이고

나머지는 다른 사람들이 정한 것입니다.

사랑은 그 두 가지 한계를 한꺼번에 무너뜨리는 능력입니다.

324

잘 먹고 잘사는 것이 복이면 예수는 복이 없습니다.

오래 사는 것이 복이면 예수는 참 복이 없습니다.

잘 죽는 것이 복이면 예수는 정말 복이 없습니다.

예수는 복 때문이 아니라 사랑 때문에 오셨고

사랑 때문에 떠나셨습니다.

325

끝이 없는 바다… 끝이 있습니다.

끝이 없는 평원… 아니, 끝이 있습니다.

끝이 없는 고난… 아닙니다.

반드시 끝이 있습니다.

내 시야가 좁아 끝이 안 보일 뿐입니다.

오직 인내와 사랑이 끝을 보는 혜안입니다.

326

인생은 내가 기준이 아닙니다.

내 경험, 내 생각, 내 판단이

인생의 바른 기준이 아닙니다.

나를 기준 삼으면 편해도 일생 내리막이고

하나님을 기준 삼으면 힘들어도 평생 오르막입니다.

327

청결한 마음과 선한 양심, 거짓 없는 믿음에서 나오는 것은

단순한 말이 아니라 사랑입니다.

사랑하지 않고 가르친다면 내가 더 중요하기 때문이고

사랑 없이 섬긴다면 그 또한 내가 더 중요하기 때문입니다.

그 사람이 나를 그렇게 대하는 것이야 어쩔 수가 없지만

나를 그렇게 대하는 그 사람에 대한 반응은

내 마음에 달렸습니다.

내 마음이 나를 좌우하지

그 사람이 나를 좌우하지 않습니다.

329

"나 혼자 할 수 있습니다."

생각이 어릴 때 자주 하는 말입니다.

"나 혼자 할 수 없습니다."

철이 들수록 자주 하는 말입니다.

세상은 혼자 살 수 없고 혼자 일할 수 없는 네트워크입니다.

330

하나님을 사랑한다고 하면서

형제를 무시하고 미워하는 자는 하나같이 위선자입니다.

331

십자가는 뜻밖에 닥친 불운이 아니라

그럴 줄 알고 겪는 사랑의 고난입니다.

332

"누구든지 첫째가 되려거든 꼴찌가 돼라."

예수의 얘기는 정신 나간 소리 같습니다.

바닥에서 사는 사람들조차 웃을 소립니다.

그러나

겸손의 핵심이고, 섬김의 본질이고, 지혜의 으뜸입니다.

333

인간의 위대함은

모두가 우러르는 위인이 되겠다고 애쓰는 데 있지 않고

자신보다 약한 사람을 도우려고 애쓰는 데 있습니다.

334

나침반은

끝없이 지나가는 땅의 행인을 보고 만든 것이 아니라

늘 제자리에 있는 하늘의 별을 보고 만든 것입니다.

하나님의 사랑은 늘 제자리에 있습니다.

335

겉 사람이 변해도

속사람이 변하지 않을 수 있지만

속사람이 변했는데

겉 사람이 변하지 않을 수는 없습니다.

정직과 사랑은

늘 겉이 아니라 속에서 시작됩니다.

336

우리 삶은 일생 사랑의 싸움입니다.

비록 이해가 되지 않아도

언제나 더 사랑하는 사람이

덜 사랑하는 사람에게 꺾이고 맙니다.

337

내가 정말 소중한 것을 가졌다면

반드시 누군가에게 주고 싶습니다.

혼자 가지고 싶다면 정말 소중한 것이 아니거나

나눌 만큼 소중한 사람이 내게 없기 때문입니다.

338

예수님은 하나님과 사람들에게 사랑받으셨습니다.
끝없는 사랑을 베푸시기 전에 한없는 사랑을 받는 것이야말로
공생애를 사는 비밀입니다.

339

예수는
타락한 인간의 욕망을 채우기 위해 십자가를 진 것이 아니라
인간이 타락의 수령에서 빠져나올 수 있도록
계단이 되기 위해 십자가를 졌습니다.

누구나 실수하고 실패합니다.

다만 거기에 머물러 있는 사람과

거기에서 벗어나는 사람이 있을 뿐입니다.

벗어나면 그 실수와 실패는

남을 살리는 사랑이 될 수 있습니다.

341

인생은 문제를 푸는 과정이라기보다
관계를 겪어 내는 여정입니다.

342

세상을 위해 진정으로 큰일을 하는 사람은
무슨 일을 하기 위해 애썼던 사람이 아니라
어떤 사람이 되어야 할 것인지를 고심했던 사람입니다.

343

내가 이해할 수 없는 사람을 만난 것은

그 사람을 위한 만남이고

내가 원치 않는 곳에 가게 된 것은

그곳을 위한 걸음입니다.

그러나 견뎌 내기만 하면 내가 더 성숙합니다.

344

세상의 본질은 어둠이고

어둠 속을 헤매는 인간의 본질은 불안입니다.

그래서 예수님은 빛으로 오셨고

평강을 선물로 주십니다.

예수님은 사랑이고 생명이십니다.

345

어둠 속에서만 보이는 불빛이 있고
고난 속에서만 해석되는 사건이 있습니다.

346

자기 방 하나를 제대로 밝힐 수 없는 전등을
밤거리를 밝힐 가로등이나 밤바다의 배를 인도할 등대로
쓸 수는 없습니다.
사랑의 그릇도 마찬가집니다.

347

문제가 커서 두려운 것이 아니라

내가 작아서 두려울 뿐이고,

상황이 복잡해서 힘든 것이 아니라

내 생각이 복잡해서 힘들 뿐입니다.

사랑은 크고 명료합니다.

348

사랑의 식탁에 오를 그릇의 마지막 준비는

깨끗해지는 것입니다.

349

간절히 구하면 반드시 얻습니다.

그래서 무엇을 구할지 결정하는 일이 더 중요합니다.

사랑을 구하면 모든 것을 얻습니다.

350

인생의 가장 큰 차이는

부자와 가난한 자의 차이나

힘 있는 자와 힘없는 자의 차이가 아니라

모든 일에 대가를 바라고 사는 자와

대가와 상관없이 사는 자의

차이입니다.

351

병든 자존심을 버려야 건강한 자존감을 누립니다.

자존심은

내가 나 자신에게 매긴 가격이고,

자존감은

하나님이 나를 바라보는 가치입니다.

352

정말 강한 사람은 자신의 약함을 인정할 줄 알고
정말 실력 있는 사람은 자신의 실수를 인정할 줄 압니다.

353

믿음은 다른 사람을 흉내내는 능력이 아니라
다른 사람과 다르게 살아내는 능력입니다.

354

바로 가는 길이 가장 빨리 가는 길이고
바르게 사랑하며 사는 삶이 가장 잘 사는 삶입니다.

355

많이 가진 사람이 많은 복을 받은 것이 아니라
사랑이 많은 사람이 많은 복을 받은 것입니다.
사랑은 받아도 복이고 주어도 복이기 때문입니다.

356

끝을 바라보는 두 관점이 있습니다.
사랑이 없으면 끝은 절망이고
사랑이 있으면 끝은 소망입니다.

357

파도가 거친 것이 문제가 아니라

배에 구멍이 뚫린 것이 문제이고

상황이 문제가 아니라 사랑이 작은 것이 문제입니다.

358

아무리 성난 파도도 고래를 삼킬 수 없고

아무리 거친 바람도 독수리를 떨어뜨릴 수 없습니다.

아무리 힘든 고난도

하나님을 사랑하는 인간을 꺾지는 못합니다.

359

죽고 싶기만 하다면 사는 법을 배워야 할 때이고

사는 것이 즐겁기만 하다면

죽는 법을 배워야 할 때입니다.

배워야 할 때 못 배우면 영원히 후회합니다.

360

문제 아닌 것을 문제삼아

답이 없는 해결책을 찾는 사람들은

결국 그 문제 속에서 인생을 마칩니다.

361

미워하는 것은 감성이고

비판하는 것은 이성이고

사랑하는 것은 영성이고

용서하는 것은 신성입니다.

362

똑똑한 사람은

눈에 드러나는 겉 사람을 키우고

지혜로운 사람은

눈에 드러나지 않는 속사람을 키웁니다.

363

포기하기를 포기하면 언제나 길이 열립니다.

더 이상 해 볼 도리가 없다는 생각이 들 때에도

아직 방도가 있고

이제 끝났다는 느낌이 들 때에도

아직 끝나지 않았습니다.

사랑은 내가 먼저 포기하지 않고 내가 먼저 끝내지 않습니다.

364

왜 이렇게 사나?

그럴 이유가 있습니다.

꼭 가야 하나?

그럴 이유가 있습니다.

왜 나인가?

반드시 그럴 이유가 있습니다.

다 알지 못하고, 다 알 수 없지만 살면서 깨달아 갑니다.

365

바람 없는 바다에서

능숙한 항해사가 될 수 없고

파도 없는 호수에서

뛰어난 서퍼가 될 수 없습니다.

바람 불고 파도치는 곳을 찾아가서

사랑으로 뛰어들지 않으면

그런 사람이 될 수 없습니다.

믿음, 소망, 사랑, 이 세 가지는
항상 있을 것인데 그 중의
제일은 사랑이라.

고전 13:13